AF321179

DE L'ÉLECTION VÉRIDIQUE

LE VOTE

AU

BULLETIN DE RALLIEMENT

PAR

F. CANTAGREL

Quod erat inveniendum.
Ce qu'il fallait trouver.

Prix : 30 centimes

PARIS

A. LECHEVALIER, LIBRAIRE-ÉDITEUR

61, RUE RICHELIEU, 61

—

A tous autorisation est donnée
de reproduire cet écrit.

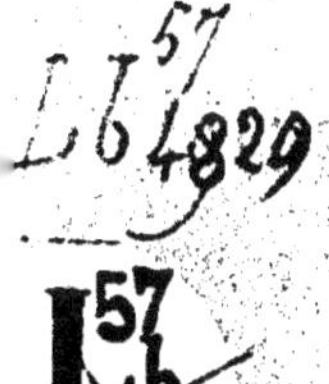

DE L'ÉLECTION VÉRIDIQUE

LE VOTE

au

BULLETIN DE RALLIEMENT

Quod erat ingeniendum.
Ce qu'il fallait trouver.

Un mot de préface.

Après les mille atteintes, tantôt violentes, tantôt hypocrites, que l'Empire a portées au suffrage universel, — depuis la candidature officielle jusqu'à l'emploi faussé du procédé plébiscitaire, — on pouvait espérer que rien de pire ne pourrait être tenté contre la Souveraineté nationale.

Les élus du 8 février 1871 se sont chargés de nous enlever cette illusion. Tout ce qui est de nature à transformer en une machine de guerre cet instrument d'ordre et de paix, — le suffrage universel, — les soi-disant conservateurs qui forment la majorité de la Commission des Trente, l'ont accumulé comme à plaisir dans le projet de loi électorale préparé par leur rapporteur, M. Batbie, — véritable défi porté aux droits du peuple, au sentiment de la justice, au bon sens.

Opposer à cet engin de discorde le moyen qui peut le mieux assurer la sincérité du vote représentatif, s'impose comme un devoir à tout homme qui croit connaître ce moyen et qui aime son pays.

J'accomplis ce devoir, non dans l'espérance de convaincre les champions de « l'ordre moral » qui, sous prétexte de combattre un « péril social » imaginaire, s'apprêtent à créer un péril trop réel; mais dans l'espoir d'être écouté et compris par les démocrates qui savent que l'intérêt de la République n'est autre que l'intérêt de la vérité.

Le Suffrage universel, nouveau moyen d'ordre social.

J'entends des voix qui disent :

« Sur les ruines de l'ancien régime quel édifice va surgir? A la place des principes qui étaient comme le ciment de la société écroulée, quels principes vont cimenter le monde moderne? Les vieilles croyances disparaissent; elles étaient un moyen d'ordre et un frein : par quoi seront-elles remplacées? »

Voilà ce que demandent bien haut : les amants béats ou intéressés du passé, pensant enrayer l'avenir en effrayant les esprits timorés et les indécis, dont le bon vouloir est troublé par la crainte des écroulements et des révolutions violentes.

Aux premiers il n'y a rien à répondre : ce sont des hypocrites ou d'incurables aveugles.

Aux seconds, on ne saurait trop redire :

— Que les prétendus principes sur lesquels reposait l'ancien monde social suaient la violence, la restriction, l'iniquité; qu'il ne faut donc pas les regretter;

— Que les croyances dont on déplore la disparition ne s'adressaient qu'à la conscience individuelle et n'étaient suffisantes, ni comme frein, ni comme moyen d'ordre général;

— Que les principes nouveaux, au contraire, puisent leur force dans l'esprit de justice pour tous;

— Et qu'enfin le nouveau moyen d'ordre est trouvé, s'imposant non plus seulement à l'individu, mais à la société tout entière, non plus par la foi, qui peut faillir, mais par l'évidence du vrai ; non plus comme frein, mais comme guide.

Ce nouveau moyen d'ordre, c'est le SUFFRAGE UNIVERSEL, organe de la Souveraineté nationale, dont la République est la forme politique nécessaire, — tellement nécessaire qu'on ne saurait la mettre aux voix sans mettre aux voix la Souveraineté nationale elle-même.

À quelle condition ?

Oui, le Suffrage universel est le moyen d'ordre de la société nouvelle; mais à une condition : c'est qu'il donnera son expression sincère ; c'est que le résultat du scrutin sera véridique; c'est que le pays, se reconnaissant dans ses élus, ne puisse leur jeter ce reproche à la face :
« Vous ne représentez pas la France. »

Cette condition remplie, il n'y a plus de prétexte à la révolte.

La révolte est le fruit fatal de l'arbitraire et du despotisme. Quand les hommes sont dépouillés de toute action régulière sur le gouvernement de leur pays, et réduits à l'état de *sujets*, il ne leur reste, contre les excès de la tyrannie, que l'insurrection, recours suprême que les *citoyens* d'un État libre n'ont jamais lieu d'exercer : le Suffrage universel le supprime. Là où tous votent, chacun en réalité concourt pour sa part à la confection de la loi; dès lors, nul n'a le droit de s'insurger contre elle, et tous ont le devoir d'y obéir.

On peut donc dire, en toute vérité, que, le jour où un peuple a conquis, comme base constitutive, le droit de suffrage, il a par cela même inauguré l'ère du progrès pacifique, qui n'est autre que l'ordre véritable.

Et telle est, sur les dispositions des citoyens, l'influence du Suffrage universel, qu'il agit déjà comme moyen d'ordre, quoique les partis semblent avoir pris à tâche d'en fausser l'expression. Combien plus de puissance n'exercera-t-il pas sur les esprits, à mesure que, donnant des résultats plus véridiques, il pénétrera plus profondément dans la conscience des populations!

Capitale importance de la loi électorale.

Aussi, — de toutes les lois qui intéressent un pays libre, — la loi électorale est-elle de beaucoup la plus importante : elle prime la loi constitutionnelle elle-même.

Avec une bonne Constitution, mais une représentation nationale faussée, — image infidèle de l'opinion, — tous les actes des gouvernants sont contestables; ils ne manquent jamais d'être contestés; par suite, tout le mécanisme constitutionnel est compromis.

Ayez, au contraire, une représentation nationale véridique : les résolutions de l'Assemblée nationale, accueillies par l'assentiment du pays, corrigent les vices de la Constitution.

De la sincérité du Suffrage.

Mais, pour que le Suffrage universel donne son expression vraie, il ne suffit pas d'en proclamer le principe : il faut connaître les règles de sa mise en exercice; il faut connaître, il faut appliquer le *mécanisme pratique* qui peut le mieux assurer la sincérité représentative.

La sincérité représentative!... C'est bien de cela qu'il s'agit pour les partis!...

Se préoccupent-ils de sincérité, les hommes qui, envoyés pour représenter leurs commettants, ne songent qu'à se représenter eux-mêmes, oubliant qu'avant de relever de leur conscience (comme ils disent), ils relèvent de leurs électeurs.

Cherchent-ils la sincérité représentative, ces légitimistes (puisque ainsi ils se nomment) qui, siégeant à Versailles en vertu du Suffrage universel, convoqué « en un jour de malheur » (1), ne songent qu'à le supprimer pour lui substituer la volonté absolue de celui qu'ils appellent « le roy? »

Cherchent-ils la sincérité représentative, ces hommes sans principes, ces adorateurs du *fait*, qui s'ingénient à escalader le pouvoir pour nous ramener au suffrage restreint, au *cens électoral* sur lequel ils projettent de restaurer la quasi-légitimité?

Et les bonapartistes, — ces soi-disant partisans du Suffrage universel, qui ne l'ont adopté que lorsqu'il leur a donné le triomphe; qui, à coups de plébiscites, lui ont fait voter sa propre abdication et s'apprêtent à la lui faire voter une fois de plus, — sous prétexte que l'Empire est la

(1) Parole de M. Boulé.

Révolution couronnée ; — ces faux amis du peuple, constamment alliés aux ennemis du peuple, qui feignent de ne pas voir qu'entre le Suffrage universel et l'Empire, entre la Souveraineté nationale et une monarchie quelconque, il y a contradiction et incompatibilité absolues, — cherchent-ils à donner au pays le moyen de se représenter véridiquement?

Cherche-t-elle la vérité représentative, cette majorité de la Commission des Trente, d'où vient de sortir le projet Batbie, plus restrictif que la loi du 31 mai, — qui réduit systématiquement d'un tiers le nombre des électeurs, — emprisonne ceux qu'elle épargne dans le scrutin individuel, — restreint le nombre des éligibles, en écartant ceux qui appartiennent à toute la France, au profit de ceux qui ne peuvent représenter que leur clocher ; — maladroit essai de prestidigitation où chaque article est trop visiblement un truc qui concourt à transformer le Suffrage universel en suffrage privilégié!

Enfin (car il faut dire la vérité même à ses amis, surtout à ses amis), sont-ils bien sûrs de se préoccuper exclusivement de la vérité représentative, les républicains qui se déclarent, ceux-ci pour le scrutin individuel, ceux-là pour le scrutin de liste départemental? Les uns et les autres ne se décident-ils pas quelque peu en raison des circonstances locales qui les préoccupent, plutôt qu'en raison des principes de justice et de vérité?

Aux Républicains!

Républicains, mes frères, puisque, poursuivant le même but, — la représentation sincère du pays, — nous n'aboutissons pas à la même conclusion pratique, c'est donc qu'en cette matière nous ne possédons pas la vérité.

Commençons par convenir d'un fait historique qui intéresse vivement notre avenir : c'est que jamais les démocraties du passé n'ont appliqué les règles de l'élection véridique. C'est pour ne les avoir ni appliquées ni connues qu'elles ont toutes été la proie d'un tyran ou d'une caste, qui a profité du désarroi de l'opinion pour confisquer, au nom de l'*ordre* ou du *salut public*, les libertés publiques et le droit de suffrage lui-même.

Et c'est parce que nous, républicains, nous n'avons pas su présenter à nos amis et à nos ennemis un procédé clair, simple, logique d'élection véridique, que nos adversaires osent tenter d'imposer à la nation la loi Batbie, cette machine de « combat » qui mutile le Suffrage universel en feignant de l'épurer, et la Souveraineté nationale en feignant de l'organiser.

Scrutin individuel et scrutin de liste.

Quel procédé électoral nous donnera la vérité représentative?

Sera-ce le scrutin individuel, divisant la France en autant de circonscriptions électorales qu'elle doit nommer de députés?

— Oui! diront quelques républicains de Nantes ; car, par le scrutin de liste, notre département n'a envoyé à Versailles que des cléricaux, tandis que le scrutin individuel permettrait à Nantes et à Saint-Nazaire d'élire des républicains.

— Non! répondront les républicains de Lille; car le scrutin de liste nous donnera la victoire sur toute la ligne, tandis que le scrutin individuel laisserait passer quelques cléricaux.

La vérité est-elle donc autre dans la Loire-Inférieure que dans le département du Nord?

— Non! disent les sceptiques; mais le choix de l'un ou de l'autre mode de votation est sans importance. Vaincus ici, vainqueurs là, les républicains et les cléricaux seront représentés, et en somme il y aura compensation.

Belle compensation pour les républicains nantais! et surtout belle consolation de savoir que, s'ils sont représentés par des cléricaux, en revanche, les cléricaux du Nord sont représentés par des républicains!

Eh! qui donc vous garantit cette compensation? Qui vous dit que l'opinion républicaine ne sera pas écrasée dans un plus grand nombre de départements que les opinions adverses?

Supposez que, là où vaincront les cléricaux, les républicains soient tellement nombreux qu'ils balancent presque le vote des cléricaux; tandis que, là où les cléricaux seront évincés, ils ne seront qu'en infime minorité; supposez que, sur vingt députés à élire, dont dix dans le Nord et dix dans la Loire-Inférieure, la moyenne électorale dût donner, dans le Nord, deux cléricaux et huit républicains, et, dans la Loire-Inférieure, quatre républicains et six cléricaux. — Qui dit que le scrutin individuel ne donnerait pas six cléricaux dans le Nord et autant dans la Loire-Inférieure, ce qui ferait douze cléricaux au lieu de huit, et que, de son côté, le scrutin de liste, donnant dix cléricaux dans la Loire-Inférieure et dix républicains dans le Nord, la République n'y perdrait pas, en définitive, deux représentants?

Supposez que les opinions qui se partagent la France soient réparties à peu près également dans les différentes contrées, et représentées par les chiffres 5, 3, 2 et 1. Si les opinions 3, 2 et 1 se coalisent, les noms qui sortiront de l'urne ne seront l'expression exacte d'aucun des groupes coalisés; mais l'opinion 5 sera radicalement évincée. Si, au contraire, 3, 2 et 1 ne parviennent pas à se coaliser, l'opinion 5 sera seule représentée. Résultat final : ou bien les six-onzièmes des électeurs n'auront pas de représentants, ou bien l'opinion qui compte relativement le plus de partisans dans le pays n'aura aucun mandataire.

Conséquence : Ce résultat sautera à tous les yeux; il sera démontrable par des chiffres; mais le mal sera fait, l'Assemblée ainsi élue aura beau s'appeler *nationale*, elle n'aura sur le pays aucune autorité morale, et si un *sauveur* survient, — troisième larron!... — L'histoire nous dit ce qui arrive...

Le vrai péril social, le voilà !

On en convient. Mais, comme on ne sait pas mieux, on s'endort sur ce péril. — Bah ! se dit-on, ces résultats extrêmes ne se produiront pas...

Imprudents, qui méconnaissez les enseignements de votre histoire d'hier, n'avez-vous pas sous les yeux, aujourd'hui même, la preuve que, sans produire ses conséquences extrêmes, un mode électoral vicieux peut nous conduire au bord de l'abîme ?... N'avez-vous pas appris qu'il faut juger l'arbre à ses fruits ? Qu'attendez-vous pour juger, pour condamner les systèmes électoraux qui, depuis quatre-vingts ans, vous ont donné des fruits aussi amers ?

Qu'il y a entre eux une différence essentielle.

Qu'ils soient donc condamnés !

Seulement établissons entre le *scrutin individuel* et le *scrutin de liste* une différence essentielle. Les méfaits du scrutin de liste tiennent à la manière dont il a été appliqué jusqu'ici ; c'est un arbre sauvage, mais il peut être greffé, et alors il produira la vérité électorale. — Le scrutin individuel, au contraire, porte sa malfaisance en lui-même ; favorable à toutes les corruptions, à toutes les intrigues, il ne laisse aux électeurs aucune liberté, aux minorités aucun espoir de se faire entendre ; on n'en peut rien tirer que d'injuste, d'abusif et de faux : c'est, par excellence, le *rôle à l'écrasement*.

Or, le vote représentatif, — celui qui a pour objet l'élection d'une Assemblée composée des mandataires de toutes les opinions et de tous les intérêts, — doit-il procéder par écrasement ? Évidemment non !

Le vote représentatif ne doit pas même être une lutte : il doit être un choix, et, pour que ce choix soit intelligent et sincère, il faut qu'il soit libre.

De quelques expédients inefficaces.

Comment assurer la liberté du choix ? Comment introduire l'ordre dans la cohue électorale ? Comment faire la lumière dans ce chaos ?

Sera-ce par l'élection à deux degrés ? par le vote multiple du père de famille ? par le double vote accordé aux plus imposés ?... Il est trop évident que ces divers expédients ont moins pour but la liberté et la sincérité représentatives que la domination de certaines classes.

Les partisans de l'élection à deux degrés, — qui arguent de l'ignorance présumée de l'électeur primaire, — ne voient pas qu'en le chargeant de nommer de plus capables que lui, ils doublent la chance qu'il court de se tromper ou d'être trompé.

Et quant à ceux qui voudraient former d'avance, et réglementairement, des groupes représentant spécialement les intérêts, ils feraient bien mieux de laisser les intérêts et les opinions et les individus se grouper librement eux-mêmes ; ils feraient mieux surtout de leur fournir les moyens de se grouper efficacement.

Parlerai-je des vingt-cinq ans d'âge et des trois ans de domicile qu'on voudrait exiger de l'électeur politique ? Parlerai-je des conditions imposées à l'éligible dans le projet Batbie ? En d'autres termes, dois-je réfuter le projet Batbie ? Non !

Donner au Suffrage universel, avec la liberté d'exprimer ce qu'il pense et ce qu'il veut, le moyen (qu'on ne lui a encore jamais fourni) de profiter de cette liberté, tel est mon but. — Faire dire par un corps électoral *trié* ce que la France ne veut pas dire, tel est le but du projet Batbie. Ce projet se réfute par sa définition même... Et dans tous les cas, il n'a aucun rapport avec l'objet que je poursuis.

D'ailleurs, je ne me propose pas de faire un traité de droit électoral. Et même la composition du Corps électoral n'est pas ici en cause.

Je suppose le Corps électoral composé de tous les citoyens que le bon sens, l'équité, la loi civile désignent comme devant en faire partie. Et je me demande : Comment ce Corps électoral se représentera-t-il lui-même ? Comment se dégageront, se concerteront, se grouperont les opinions, les intérêts, les individualités qui le constituent ? Comment trouveront-ils leur expression proportionnelle ?

Deux solutions proposées.

Quelques solutions ont été proposées, parmi lesquelles il convient de noter celle qu'a préconisée M. de Girardin, et qui se formule ainsi :

« L'électeur est libre de choisir son candidat par toute la France. — Il ne porte qu'un nom sur son bulletin. — Les cinq cents éligibles (si l'on décide que la France doive être représentée par cinq cents députés) qui au dépouillement des votes auront obtenu le plus grand nombre de suffrages, seront proclamés députés. »

En Angleterre, M. Hare a proposé un système qui est, au fond, le même que celui de M. de Girardin. Il étend, lui aussi, à tout le pays le choix de chaque électeur.

Je ne tiens pas compte ici de la proposition de M. de Rambures, repoussée par M. Batbie lui-même, et qui n'est que l'adultération du système Hare-Girardin. Divisant la France en deux sections, — l'une chargée de représenter les personnes, — l'autre chargée de représenter le territoire et la propriété, — cette belle conception tend à établir une sorte d'oligarchie terrienne sur la base libérale du *Collège unique*.

N'en parlons plus, et voyons ce que vaut, en soi, le *Collège unique*.

En quoi pèche l'idée du Collège unique.

Très séduisant au premier accord, à cause de son apparente simplicité, ce système, très bien intentionné du reste, emporte des inconvénients qui doivent le faire écarter.

On lui reproche avec raison de faire graviter les suffrages exclusivement sur des noms. Sans doute les noms sont porteurs de principes, de doctrines, d'opinions, d'intérêts, et, à ces divers titres, il est naturel que les électeurs les prennent pour centres de ralliement. Mais, outre que les noms-principes ne sont pas très nombreux, il est certain que les électeurs se proposent avant tout le triomphe de leurs idées, et qu'en général ils se préoccupent d'abord de se grouper par affinité d'opinion : le choix du candidat ne vient qu'après.

Le système Hare-Girardin ne donne pas à cette tendance si naturelle et si légitime une suffisante satisfaction. Il laisse, il est vrai, à l'électeur la liberté de son choix, et, par suite, il met fin aux coalitions et aux compromis malsains; mais que fera l'électeur de sa liberté s'il n'a pas la possibilité de s'en servir avec lumière et profit pour son opinion? Or, comment les électeurs de France pourront-ils se concerter pour ne pas éparpiller leurs voix sur trop de candidats ou pour ne pas les concentrer sur un trop petit nombre? Le système Girardin ne leur en donne pas le moyen. Il en résulterait que certains noms illustres arriveraient premiers avec des centaines de mille voix; que tel chef de parti dépasserait le million ; tandis que les moins favorisés ne représenteraient qu'un nombre insignifiant de suffrages; et qu'en somme beaucoup d'électeurs, ayant perdu leur voix sur une illustration dont ils auront voulu avant tout assurer l'élection, verraient sortir du scrutin des adversaires politiques dont ils auraient pu empêcher le succès s'ils eussent porté utilement leurs suffrages sur un des leurs.

On dira que, les mêmes effets devant se produire dans les différents partis, les résultats se balanceront. C'est une erreur. Mais ce qui est certain, c'est que les résultats ne contenteraient personne, et que l'on aurait simplement remplacé, par le gâchis du vote *uninominal*, le gâchis du *scrutin de liste confus*.

Que nous voilà loin de l'idée de justice et de proportionnalité qui peut se formuler ainsi : Tout candidat qui a réuni un nombre de suffrages répondant à la moyenne des électeurs est proclamé représentant du peuple!

M. Hare a si bien compris la justice de ce point de départ, — la moyenne électorale, — et le danger de la concentration ou de l'éparpillement des suffrages, que, tout en acceptant l'idée du vote *uninominal* pour tout un pays, il cherche à le rendre pratique en permettant à l'électeur de désigner plusieurs noms *dans l'ordre de ses préférences*, afin que, s'il ne se rencontrait pas assez de candidats inscrits en première ligne pour former l'Assemblée, on puisse compléter le nombre nécessaire en prenant les noms venant en seconde ligne, puis en troisième ligne, etc. (1). En d'autres termes, M. Hare greffe le scrutin de liste sur le scrutin uninominal. Mais qui ne voit à quelles complications ce correctif conduit l'application d'un système dont le mérite essentiel paraissait être la simplicité!

(1) Louis Blanc. — *Questions d'aujourd'hui et de demain.*

Dira-t-on que chaque candidat s'efforcera d'éviter l'éparpillement en appelant sur lui-même la sympathie des électeurs? Mais c'est cela qui produira l'éparpillement... et la concentration des suffrages... Au milieu de toutes ces compétitions, où donc les électeurs éperdus trouveront-ils la mesure, au moins approximative, dont ils ont besoin pour répartir leurs votes, pour ne pas les perdre sur des candidats trop pourvus et ne pas les égarer sur d'autres qui n'arriveront pas? Est-il bon, d'ailleurs, est-il démocratique que le candidat cherche et sollicite l'électeur et non celui-ci le candidat?...

Et puis, quoi? Mon opinion repose sur un ensemble d'idées et de principes auquel nul candidat ne paraît répondre complétement. Celui-ci la servira par son éloquence; celui-là, par sa fermeté; cet autre, par là sûreté de son coup d'œil; et chacun d'eux sur quelques points seulement. Mais mon opinion a beaucoup de partisans; même dans les limites de mon département, elle a droit à plusieurs représentants. Pourquoi, dès lors, m'obliger à concentrer mon idéal sur un seul nom? Pourquoi me refuser d'en désigner plusieurs? — C'est, direz-vous, que le dépouillement d'un tel scrutin pour toute la France serait impossible... Soit! mais est-ce une raison suffisante pour me réduire, sous le nom de *vote uninominal*, aux conditions étroites du *scrutin individuel*?

Je m'arrête... Malgré ces critiques sommaires, je reconnais que le système Hare-Girardin a le mérite d'offrir aux minorités le moyen de se faire représenter. Mais pourquoi? Ce n'est pas parce qu'il limite le vote à un seul nom : c'est parce qu'il ouvre un vaste scrutin, où les minorités peuvent se dégager; c'est, en définitive, parce qu'il est, à ce point de vue, le scrutin de liste étendu à toute la France.

On a vu que cette extension, toute rationnelle qu'elle soit, peut faire perdre en précision plus qu'elle ne donnerait en liberté.

Procédé pratique de l'élection véridique.

Soyons moins ambitieux et plus pratiques. Attachons-nous au principe de la moyenne électorale. Conservons le scrutin de liste. Et, pour ne rien changer aux habitudes, bornons-en l'application à l'étendue d'un département. C'est trop étroit, nous le savons. Les minorités y perdront quelque chose... Contentons-nous-en *provisoirement*.

Donnons aux électeurs le droit d'écrire sur leur bulletin autant de noms que le département doit avoir de représentants, et, ne pouvant grouper les électeurs par catégories d'opinions ou de sympathies individuelles, cherchons comment, de tous les coins du département, leurs bulletins pourront se rencontrer et se grouper au bureau électoral.

Le moyen est des plus simples.

Voici une foule confuse où il semble qu'il n'y ait pas deux individus qui se connaissent ou pensent de même... Si vous arborez aux regards de cette foule des signaux de ralliement, chacun viendra se ranger autour du signal qui est le sien, et tout à coup, en vertu même de la liberté, le groupement, le classement, la distinction, vont succéder à la confusion et à la cohue.

La même chose se produira si, au lieu de signaux d'appel, chaque assistant porte sur soi un signe distinctif. Tous les individus de même signe s'appelleront, se chercheront, se trouveront, se grouperont.

Les effets de ralliement que vous opéreriez sur cette masse confuse, ne pouvez-vous les opérer sur une masse de bulletins de vote? Que faut-il pour les grouper? Bien peu de chose.

Il faut, — d'une part, — que chaque bulletin porte une lettre, un numéro, un SIGNE DE RALLIEMENT.

Il faut, — d'autre part, — que la loi admette et reconnaisse ce signe. Il faut que la loi dise :

PROJET DE LOI

Le vote a lieu au scrutin de liste.

Tout électeur a le droit de désigner autant de députés que la loi en attribue à son département.

Il a la faculté d'écrire, en tête de son bulletin, un signe, lettre ou numéro de ralliement.

Pour faciliter le groupement des bulletins de même signe, les auteurs ou signataires de professions de foi, manifestes, déclarations de principes ou promoteurs de listes de candidats, ont la faculté d'en opérer le dépôt à la préfecture du département et d'y faire apposer un numéro d'enregistrement. — Cette formalité n'est pas obligatoire, les électeurs étant libres d'adopter le signe qui leur convient ou de n'en adopter aucun.

Au dépouillement, on groupe d'abord ensemble les bulletins de même signe et ceux qui n'en porteraient point.

Après avoir constaté le nombre de bulletins appartenant aux divers groupes, on dépouille, dans chacun de ces groupes, les noms des candidats qui y ont obtenu des voix, et du tout il est dressé procès-verbal.

Si un bulletin ne désigne aucun nom, mais porte UN SIGNE DE RALLIEMENT, il compte à son groupe pour la fixation du nombre de députés auquel ce groupe a droit.

Il n'y a de nul que le bulletin complétement blanc.

Les procès-verbaux constatant le nombre de bulletins réunis par chaque groupe dans chaque bureau électoral, et les listes des noms désignés sur ces bulletins pour représenter chaque groupe, sont envoyés au bureau central, qui fait d'abord le récolement des bulletins de même signe.

Le nombre total des bulletins valables étant établi, et la force respective des groupes électoraux résultant du nombre de leurs bulletins, le bureau central fait, entre les divers groupes, la répartition proportionnelle du nombre des députés attribués au département, en partant de la moyenne électorale. — En cas de parité de nombre de bulletins entre deux ou plusieurs groupes, la décision est remise au sort, et le tirage est fait publiquement par le président du bureau central.

— 11 —

*Le nombre de députés acquis à chaque groupe étant fixé par la répar-
tition faite en exécution du paragraphe précédent, les candidats qui, dans
chaque groupe, réunissent le plus de voix, sont, jusqu'à concurrence du
nombre auquel chaque groupe a droit, proclamés députés, quel que soit
d'ailleurs le chiffre des voix qu'ils ont obtenues. — En cas de parité de
suffrages entre deux ou plusieurs candidats dans un même groupe, la
décision est remise au sort, et le tirage est fait publiquement par le
président du bureau central.*

*Si un groupe réunit trop peu de bulletins pour avoir droit à un repré-
sentant, les votes qui le concernent n'en sont pas moins consignés au
procès-verbal.*

*En cas d'option d'un député qui aurait été élu par plusieurs groupes, il
est remplacé de droit par le candidat dont le nom vient immédiatement à
la suite des noms des élus sur la liste du groupe auquel appartenait le
député optant.*

*Il en sera de même (si le législateur le décide ainsi) en cas de décès ou
de démission d'un député.*

Conséquences de ces dispositions.

Le jour où ces dispositions seront écrites ‥ ‥ la loi, ce qui arrivera
est facile à prévoir.

Les électeurs les plus influents, les plus ‥ ‥ ‥eront, comme
aujourd'hui, des comités. Ces comités publieront, comme aujourd'hui,
des programmes, des professions de foi, des déclarations de principes, à
la suite desquels viendra la liste des noms des candidats.

Mais ces comités et ces listes éclaireront et guideront l'électeur sans
s'imposer à lui par la nécessité d'une discipline qui coûtait souvent à la
conscience, soit avec le système du scrutin individuel, soit avec le système du scrutin de liste confus.

L'électeur se sentira libre, et il le sera en effet : il sera sûr qu'en
écrivant sur son bulletin le SIGNE du groupe auquel il se range, il
aura, par cela seul, augmenté son groupe d'un suffrage.

Les adversaires du scrutin de liste disent, non sans raison, que l'électeur ne peut connaître tous les candidats qu'on lui propose.... Eh bien,
il ne désignera que ceux qu'il connaît, et il les prendra sur la liste ou
même en dehors de la liste proposée, sans avoir à craindre, comme
aujourd'hui, de diminuer le nombre des représentants de son opinion.
Et même, s'il ne connaît aucun nom qui réponde complétement au pro-
gramme qu'il aura choisi, il n'en portera aucun. Son bulletin n'en
contribuera pas moins à augmenter le nombre des députés que ce groupe
élira, puisque ce nombre dépend uniquement de celui des bulletins de
même signe.

Le signe même n'est pas nécessaire pour que le bulletin soit compté,
si d'ailleurs il porte un ou plusieurs noms. Ceux qui ne voudront pas
écrire un signe, soit parce qu'ils se seront entendus sur des noms, soit

pour tout autre motif, sont libres. Leurs bulletins formeront un groupe qui sera dépouillé séparément, comme les bulletins ralliés par un signe.

Par l'emploi de ce procédé, les hommes *locaux*, dignes de représenter leur département, auront chance d'arriver sans exclure les hommes *généraux*, ceux qui sont connus de plusieurs départements ou même de la France entière.

Et, à côté des groupes formés au point de vue des principes, des opinions, des individualités, il se formera des groupes d'intérêts agricoles, industriels, commerciaux, professionnels.

Et le *nombre*, cette puissance terrible pour laquelle les gens de *qualité* témoignent tant de dédain, de méfiance et d'effroi, le *nombre* sera tamisé par les *intérêts*; mais il le sera par le fait du groupement libre.

Et tous seront représentés dans la mesure de leurs forces, et aucun groupe ne sera exclu, à moins qu'il ne soit trop faible pour atteindre la moyenne électorale.

Et tous ces groupes auront, comme aujourd'hui, l'ambition de convaincre les autres groupes, mais jamais l'idée de se coaliser. Car à quoi bon ? Libres collectivement et individuellement, sûrs que leur opinion sera représentée suivant sa force, ils sauront qu'ils ont devant eux des groupes et des individus aussi libres qu'eux-mêmes et votant avec la même sécurité.

Comme aujourd'hui, les orateurs des diverses opinions parleront, et les comités distribueront des bulletins. Seulement ces bulletins porteront un signe de ralliement.

Et rien ne sera changé à ce qui se passe aujourd'hui, rien ! sinon qu'on aura supprimé les décrets du hasard, et les hasards de la cohue électorale ; rien ! sinon que la France sera représentée véridiquement ; rien ! sinon que nous aurons au lieu de la confusion l'ordre, au lieu du mensonge la vérité !

Et la volonté nationale étant clairement exprimée, nous en aurons fini pour toujours de ces *imbroglios* sinistres dans lesquels on voit une nation se débattre misérablement contre elle-même, — mandants contre mandataires, — élus contre électeurs ; — ceux-ci désavouant ceux-là toutes les fois qu'ils en trouvent l'occasion ; — ceux-là s'obstinant à faire marcher le pays contrairement à sa volonté, et pour atteindre ce but coupable, dressant contre le DROIT une *légalité* pleine d'embûches !

Simplification pratique.

Je crois inutile d'insister davantage sur les mérites du procédé que j'expose. Il en est un toutefois qu'il n'est pas indifférent de signaler. — Dans chaque cercle électoral, on connaît à peu près d'avance la force respective des partis. L'électeur d'un groupe peu nombreux pourra donc, sans craindre de nuire à la représentation de son opinion, n'inscrire sur son bulletin qu'un petit nombre de noms. Il le fera certainement, et le dépouillement, si long aujourd'hui, sera considérablement plus court et plus facile.

En sorte que le mécanisme le plus libre et le plus équitable se trouve être aussi le plus simple en pratique.

Il n'oppose d'ailleurs aucune entrave aux dispositions secondaires, renouvellements périodiques, soit totaux, soit partiels, etc.

Veut-on que l'Assemblée élue reste, pendant toute sa durée, composée des mêmes éléments? Ceux qui redoutent l'agitation causée par les élections partielles auront remarqué que cette agitation peut être supprimée si l'on décide que chaque député a, sur la liste des candidats de son groupe, un successeur tout prêt, — un successeur de son opinion.

Veut-on, au contraire, que les décès ou les démissions soient des occasions pour consulter le pays? Ceux qui ne craignent pas les élections partielles opineront pour que tout décès donne lieu à une élection dans le département privé d'un de ses représentants. De telle sorte que, à la suite de quelques élections partielles, on saurait dans quel sens marche l'opinion publique, — renseignement dont sauront profiter les députés assez scrupuleux pour ne vouloir être que des mandataires.

Sans doute, ces élections partielles ne rendraient pas toujours au groupe qui aurait perdu un député sa représentation proportionnelle. Opérant sur un seul nom et en mode confus, elles ne donneraient, comme aujourd'hui, qu'une indication confuse, et, généralement, attribueraient un député de plus à l'opinion la plus fortement représentée dans le département au jour de l'élection. L'inconvénient serait compensé par l'avantage signalé plus haut, et il aurait, en somme, peu d'importance, si les pouvoirs de l'Assemblée sont limités à une courte durée.

Le système Girardin ne se prête ni à l'une ni à l'autre de ces solutions. On ne saurait songer à convoquer toute la France pour une élection partielle; et, d'autre part, il n'y a aucune raison pour que les démissionnaires ou les décédés soient remplacés par les derniers-venus sur la liste générale. Entre les uns et les autres, il n'existe aucun rapport d'opinion, conséquemment aucun droit de substitution. Établir ce droit, en dépit de toute logique, et au détriment des électeurs privés de leur député, serait commettre une injustice qui fausserait doublement la représentation.

Le *Vote au bulletin de ralliement* se prête, au contraire, à l'une comme à l'autre solution, sans que l'adoption de l'une ou de l'autre puisse modifier sensiblement les résultats bienfaisants du système.

Et ces résultats si désirables, si nécessaires pour que nous marchions dans la voie du progrès pacifique, à quoi seront-ils dus? À l'emploi d'un simple procédé d'ordre et de classement, à un SIGNE qui donnera aux électeurs la faculté de grouper leurs suffrages par affinité élective.

Les électeurs ne se connaîtront pas tous, mais leurs bulletins se connaîtront.

Un SIGNE DE RALLIEMENT, prévu, admis, reconnu par la loi, voilà tout le secret de l'élection véridique. Bien petite cause pour un si grand et si heureux effet!

Mais cette petite cause (*quod erat inveniendum*) agira sur le corps électoral comme le vaccin sur le corps humain. Ce SIGNE inoculera la sincérité, la liberté, la moralité au corps électoral et fondera le triomphe régulier de la Démocratie sur le triomphe de la vérité!

Spécimen du dépouillement d'un scrutin.

Voici à quoi se réduirait le procès-verbal du dépouillement d'un scrutin dans le mécanisme du Vote au bulletin de ralliement :

DÉPARTEMENT DE ....

Dix députés à élire.

Électeurs inscrits : 140,000. — Votants : 100,000.
Moyenne électorale : 10,000.

Le groupe n° 1 n'ayant réuni que 6,000 bulletins n'a pas droit à être représenté.

Ont obtenu : MM. A..................... 5.000 voix.
B..................... 4.000 —

Le groupe n° 2 a réuni 20,000 bulletins donnant droit à deux représentants.

Ont obtenu : MM. C. (élu).............. 18.000 voix.
D. (élu).............. 16.000 —
E. .... 15.000 —
F. .... 14.000 —

Le groupe n° 3 a réuni 30,000 bulletins donnant droit à trois représentants.

Ont obtenu : MM. G. (élu).............. 29.000 voix.
H. (élu).............. 29.000 —
I. (élu).............. 28.000 —
K. .... 27.000 —
L. .... 26.000 —
M. .... 25.000 —

Le groupe n° 4 a réuni 36,000 bulletins donnant droit à quatre représentants.

Ont obtenu : MM. N. (élu).............. 16.000 voix.
O. (élu).............. 16.000 —
P. (élu).............. 15.000 —
Q. (élu).............. 15.000 —
R. .... 14.000 —
S. .... 13.000 —
T. .... 12.000 —
U. .... 11.000 —

Le groupe n° 5 a réuni 8,000 bulletins donnant droit à un représentant.

Ont obtenu : MM. V. (élu).............. 4.000 voix.
X. .... 3.500 —
Y. .... 2.500 —

En conséquence, sont proclamés députés Messieurs:
C., D., G., H., I., N., O., P., Q., V.

Justification.

Les groupes électoraux n° 4 et n° 5, figurant à ce tableau, ont réparti leurs voix sur un grand nombre de candidats. Il en résulte :

Que les députés du groupe n° 4, — qui a réuni 38,000 bulletins, — sont élus par moins de voix que ceux du groupe n° 3, — qui n'a réuni que 30,000 bulletins;

Et que le représentant du groupe n° 5 est élu par 4,000 voix seulement, tandis que, dans le groupe n° 1, — qui n'aura pas de représentant, — le candidat en tête de liste a obtenu 5,000 suffrages.

C'est avec intention que j'ai supposé ces résultats, qui pourront déconcerter au premier abord les personnes habituées au triomphe exclusif des grands nombres. Elles reconnaîtront bien vite que, quoique n'ayant obtenu personnellement que 4,000 voix, l'élu du groupe n° 5 n'en représente pas moins 8,000 électeurs, tandis que le candidat auquel le groupe n° 1 a donné 5.000 voix ne représente que 6,000 électeurs.

Toute la question, pour qu'un groupe soit représenté, consiste en ceci : — il faut que le nombre de ses bulletins atteigne la moyenne électorale. Or, quoique mathématiquement cette moyenne soit de 10,000 sur 100,000 votants, les hasards du vote l'ont fait descendre, en réalité, à moins de 8,000, et le groupe n° 5 a bien droit à un représentant avec 8,000 voix, puisque la division par 8,000 des chiffres obtenus par les autres groupes ne leur donne que le nombre de députés que le tableau leur attribue.

Quant à l'éparpillement ou à la concentration des suffrages, — qui a, dans le système Girardin, des inconvénients *dirimants*, — il ne peut être une objection contre le *Vote au bulletin de ralliement*. Dès lors que les électeurs vous ont prouvé, par l'inscription d'un signe commun, qu'ils sont unis dans une même pensée, vous n'avez plus rien à leur demander — que les noms de leurs élus. Évidemment vous ne leur demanderiez pas autre chose si, au lieu de grouper les bulletins, vous pouviez grouper les votants eux-mêmes. Faites donc, en présence des bulletins, ce que vous feriez en présence des électeurs.

Objections et Réponses.

On pourra regretter que le groupe n° 1 n'ait pas de représentant. Si, au lieu d'être enfermé dans un cercle de 140,000 électeurs, ce groupe eût opéré sur un plus vaste champ, il eût sans doute atteint la moyenne électorale.

Il est clair que, plus on étend le cercle des votants, plus on favorise les minorités, et c'est pourquoi le collège étendu à toute la France est celui qui les favorise le plus. Mais nous avons vu les difficultés, les lacunes, les impossibilités du *Collège unique*. Il est des nécessités pratiques qui s'imposent et qu'il faut savoir subir. La pratique ne peut être que l'approximation de la théorie, et la limite théorique est suffisamment atteinte lorsque, moins absolu sur un point, le résultat obtenu est plus vrai sur tous les autres points. En fait, une opinion qui ne pourrait réunir en sa faveur le dixième des votants, comprendra qu'elle doit travailler à gagner des partisans, et elle y travaillera avec d'autant plus d'ardeur qu'elle aura obtenu ce précieux avantage de faire constater officiellement sa force acquise.

Mais voici une objection qui paraît plus grave à première vue : il pourra arriver que tel candidat, porté par plusieurs groupes, ne soit élu par aucun d'eux, bien qu'il ait recueilli, en somme, un nombre de suffrages supérieur à celui des élus de ces groupes. Et l'on s'écrie : Quel résultat bizarre ! quelle injustice !

Réponse. — Qu'un candidat porté dans plusieurs groupes ne soit pas élu, cela peut arriver. Mais il arrivera plus souvent que ce candidat sera élu par plusieurs groupes. Si cependant il ne l'est par aucun, qu'est-ce que cela signifie ? Cela signifie que ce candidat ne représente aucun de ces groupes avec un suffisant éclat. Or, s'il n'a, aux points de vue divers de ces divers groupes, qu'un mérite secondaire, on ne doit pas regretter son échec. La représentation n'en sera ni moins vraie ni moins complète, puisque, dans chacun des groupes où le nom de ce candidat aura été porté, on lui aura préféré des hommes qui, au jugement des électeurs, étaient plus *qualifiés* que lui. Il pourra se lamenter, et pourront se lamenter avec lui ceux qui se préoccupent avant tout des individualités ; mais non ceux qui placent en première ligne l'intérêt général et la vérité représentative. Cette vérité n'y perdra rien, et cela suffit.

Le procédé d'élection le meilleur n'est pas celui qui favorisera le succès de tels ou tels hommes, mais celui qui donnera la représentation la plus complète de toutes les opinions et de tous les intérêts.

Final.

Et, maintenant, que les hommes de bonne volonté et de bonne foi s'emparent du procédé que je leur indique.

Méditez sur ce procédé, vous surtout, les représentants du peuple, à qui le peuple a remis la garde de ses intérêts et de ses destinées !

Comme toute chose nouvelle, ce procédé sera combattu, repoussé, et je sais par qui : il sera repoussé par tous ceux qui veulent gouverner et dominer le peuple.

Il ne sera accueilli que parmi ceux qui veulent que le peuple se gouverne lui-même en toute justice, en toute intelligence, en toute liberté.

C'est à ceux-là que je m'adresse. C'est en ceux-là seuls que j'espère. S'ils changeaient en une vérité pratique le mensonge de la représentation, ils nous rendraient le plus grand service que le pays puisse attendre d'eux. — Ils le peuvent. Le voudront-ils ?

F. CANTAGREL.

31 mars 1871.

Paris. — Imp. Nouv. (ass. ouv.), 11, rue des Jeûneurs. — G. Maspin et C°